Mareike Grün

Freundschafts-bänder

klein aber (b)oho

CV

Guten Freunden knüpft man ein Bändchen

Armbändchen knüpfen macht so viel Spaß, und es gibt so viele Muster zu entdecken! Da ist es absolut nebensächlich, dass es nicht die allerneuste Technik ist – finde ich jedenfalls! Mit modernen Garnfarben und ganz nach dem eigenen Geschmack kombiniert und auch mal abgewandelt, entsteht immer wieder etwas Neues.

Zu Schulzeiten habe ich meine ersten Armbänder geknüpft. In der Pause und daheim am Küchentisch – ich weiß es noch genau! Und stolz war ich auf die fertigen Werke! Heute sind die Knüpf-Zeiten für mich kleine Auszeiten vom Alltag. Wenn das Muster nicht allzu kompliziert ist, kann ich dabei auch unglaublich gut die Gedanken schweifen lassen und abschalten. Da ist es ganz gut, dass solch ein Armband nicht in wenigen Minuten fertig ist, sondern etwas mehr Muse und Kreativ-Zeit benötigt.

Auch zum Verschenken sind die Bänder etwas ganz Besonderes. „Jeder Knoten ein lieber Gedanke für den Beschenkten" – herzlicher kann ein Geschenk gar nicht sein!

Aber egal, ob dein neues Armband in Ich-Zeit oder in Freunde-Zeit entsteht, also, ob du es behältst oder verschenkst, ich wünsche dir entspannte Knüpf-Momente und viel Freude beim Nacharbeiten!

Deine Mareike

Über Mareike Grün

Mareike Grün ist Diplom-Designerin (FH), freischaffende Illustratorin und Autorin zahlreicher Kreativbücher. Bereits als Kind entwickelte sie eine Leidenschaft für alles Kreative; bis heute liebt sie es, Trends aufzuspüren und neue Materialien und unterschiedlichste Techniken auszuprobieren. Seit Ende 2013 widmet sich Mareike Grün in ihrem Atelier ausschließlich der Illustration und eigenen Projekten. Ein großes Herzensprojekt sind die bereits fix und fertig gelaserten Stempelchen, die sie unter dem Label „Zaubereike" in einem Dawanda-Shop sowie auf Messen und Märkten erfolgreich vertreibt.

Inhalt

8
Grundkurs

16
Be yourself

18
Chill out

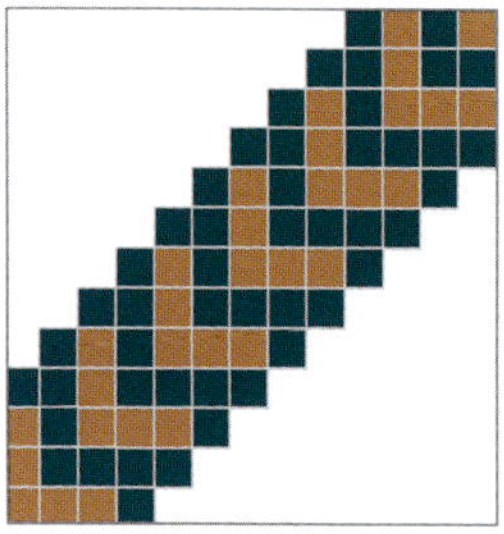

20
No doubt

22
Care for you

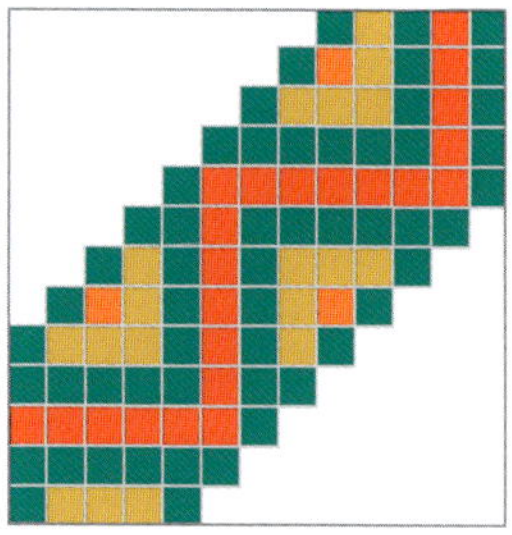

26
Think positive

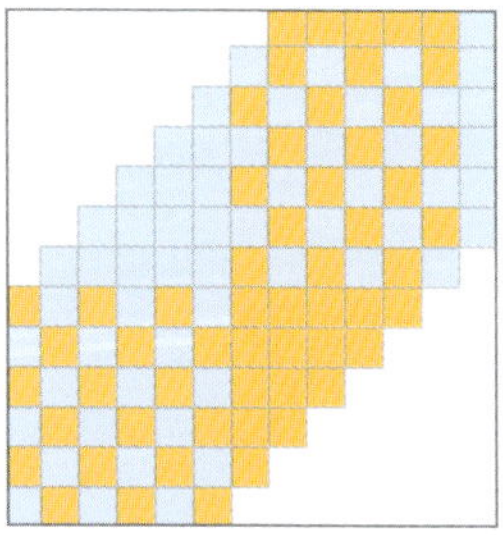

28
You and me

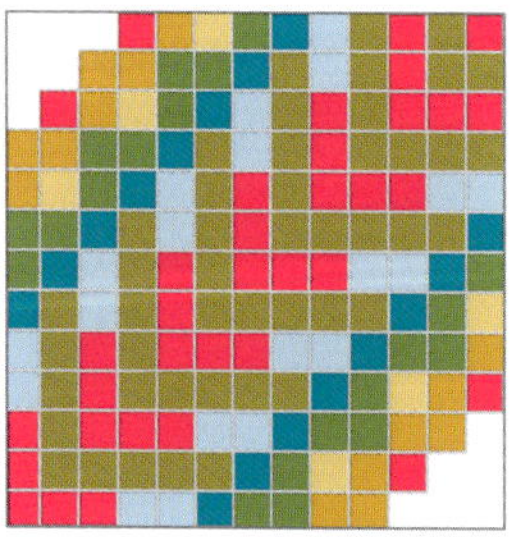

30
Enjoy your life

32
Forever together

34
Remember me

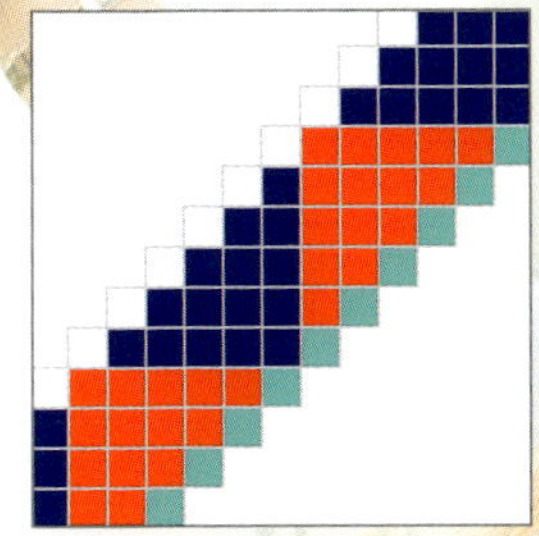

38
Yin und Yang

40
Be happy!

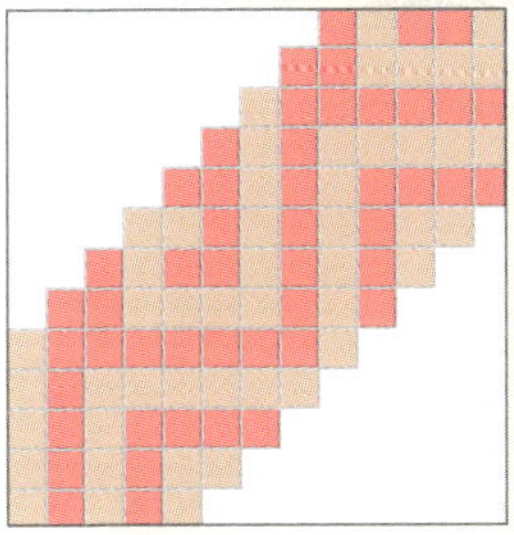

42
Keep calm

44
Be strong

48
Impressum

Grundkurs

Grundmaterial:

- Stickgarn, Perlgarn oder Baumwollgarn
- Klemmbrett
- Maßband
- Schere
- Stecknadeln
- Klebefilm
- Ringel
- Perlen, Charms
- evtl. kleine Karabiner

Tipp

Unterwegs statt des Klemmbrettes als Hilfsmittel zum Knüpfen eine Sicherheitsnadel oder Stecknadel und ein Kissen bzw. das Hosenbein verwenden.

Hinweis

Zum Knüpfen der Bänder in diesem Buch wurde Stickgarn von Rico verwendet. Die auf den Anleitungsseiten angegebenen Farbnummern beziehen sich deshalb auch auf dieses Garn.

Die Verschluss-Schlaufe

Gerade Fadenanzahl:

Bei Mustern, in denen die Anzahl aller Fäden jeweils durch 2 teilbar ist, können die Fäden in doppelter Länge zugeschnitten werden. Drei der Fäden in der Mitte ein Stück flechten. Dazu die drei Fäden am besten knapp vor der Mitte fixieren. Zum Flechten immer den rechten Faden über den links daneben liegenden legen und unter dem linken Faden hindurchführen. Dies immer wiederholen und dabei die Fäden nah aneinanderziehen, bis ein „Zopf" entsteht.

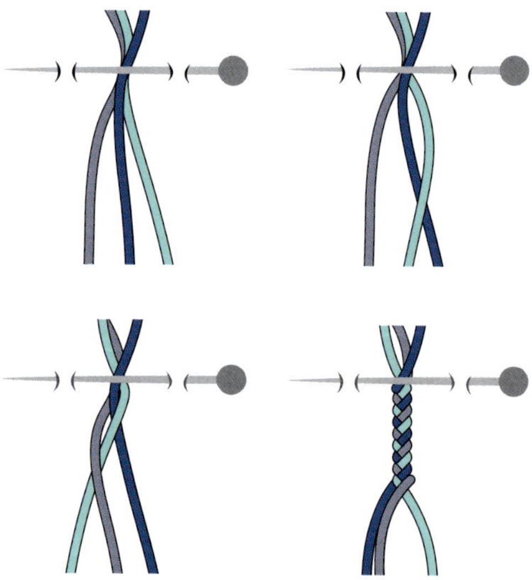

Den geflochtenen Teil zur Schlaufe legen und die restlichen Fäden darum herumknoten. Die Größe der Schlaufe, und somit die Länge des geflochtenen Stücks, richtet sich nach der Größe der ausgewählten Verschlussperle. Bei Perlen mit einem Durchmesser von ca. 10 mm werden z. B. geflochtene Fäden in einer Länge von ca. 35 mm benötigt. Am besten bereits vor dem Knüpfen des Bändchens prüfen, ob sich die Perle gut durch die Schlaufe schieben lässt.

Zum Knoten des Bandes die Schlaufe z. B. mit einer Stecknadel am oberen Ende eines Kissens feststecken oder auf einem Klemmbrett befestigen. Alternativ am Arbeitstisch ankleben oder am Hosenbein mit einer Sicherheitsnadel befestigen. Die Fäden in der beim gewünschten Muster angegebenen Farbfolge sortiert nebeneinanderlegen.

Ungerade Fadenanzahl:
Bei Mustern, in denen einzelne Fäden (oder alle Fäden) in ungerader Anzahl vorkommen, genauso verfahren. Das heißt, die Fäden am unteren Ende längengleich nebeneinanderlegen und ca. 5 cm unterhalb der oberen Enden der kurzen Fäden (längere Fäden hängen oben über) auf einer Unterlage festklammern und die Fäden verflechten. Die kurzen Fadenenden nach dem Knoten an der Seite liegen lassen und später im fertig geknoteten Armband vernähen.

Breite Bänder mit vielen Fäden:
Für sehr breite Bänder mit vielen Fäden eventuell zwei oder drei Schlaufen anfertigen und zum Knüpfen nebeneinanderstecken oder -legen.

Tipp

Zum Knoten eines Armbandes sollte die Fadenlänge jeweils etwa zwei Armlängen – Schulter bis Fingerspitze – betragen. Zur Gesamtlänge des Bandes dabei stets die Länge des Verschlusses (ca. 2 bis 3 cm) mit einrechnen.

Die Knoten

Alle in diesem Buch gezeigten Armbänder werden mit nur vier Grund-Knoten gearbeitet:

Der rechte Knoten (R):
Hierbei wird der linke Faden um den straff gehaltenen rechten Faden geknotet. Dazu den linken Faden über den rechten Faden legen und hintenherum wieder nach vorne schlingen. Festziehen, ein weiteres Mal in

gleicher Weise schlingen und wieder festziehen. Fertig ist der rechte Knoten.

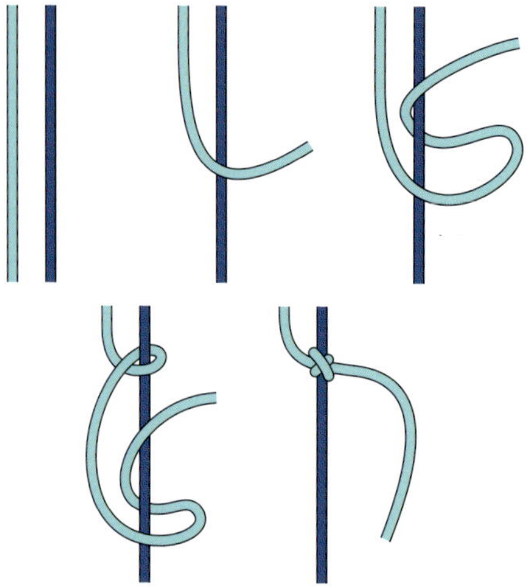

Der linke Knoten (L):

Beim linken Knoten wird der rechte Faden um den straff gehaltenen linken Faden geknotet. Dazu den rechten Faden über

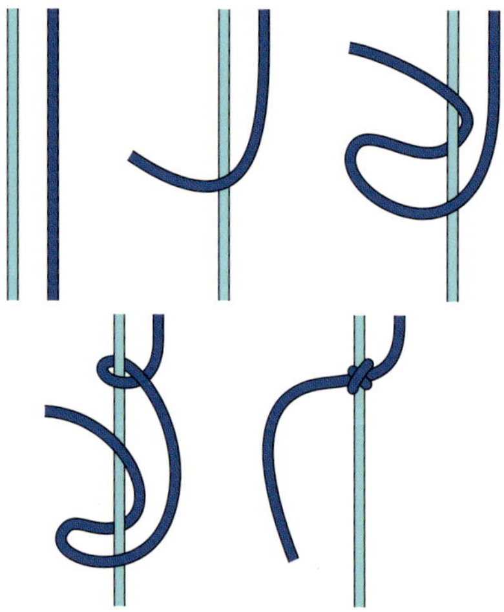

den linken Faden legen und hintenherum wieder nach vorne schlingen. Festziehen, ein weiteres Mal in gleicher Weise schlingen und wieder festziehen. Fertig ist der linke Knoten.

Der linke Wendeknoten (RL):

Für die meisten Muster in diesem Buch sind zudem noch Wendeknoten notwendig. Hier werden eine linke und eine rechte Schlinge zu einem linken Wendeknoten kombiniert.

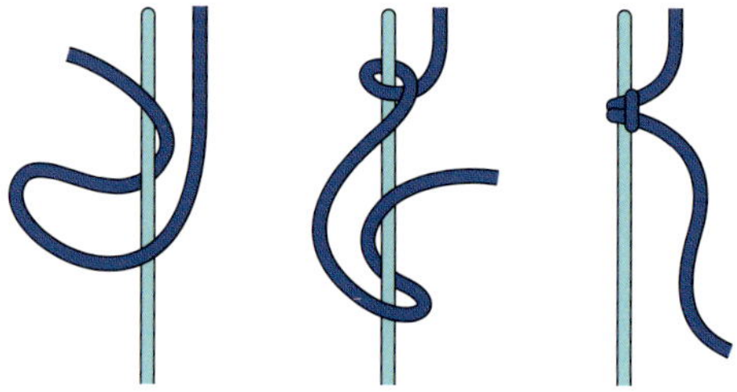

Der rechte Wendeknoten (LR):

Ebenso lassen sich eine rechte und eine linke Schlinge zu einem rechten Wendeknoten kombinieren.

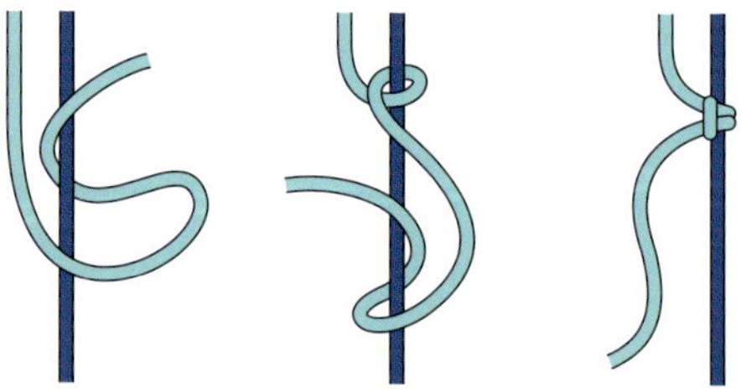

Einarbeiten der Verschluss-Perle

Ist das Band gemäß der Schemazeichnung in der gewünschten Länge fertig geknüpft, die Fadenenden zu einem Zopf verflechten. Dabei die Verschlussperle auffädeln und mit einflechten.
Alle alle Fäden gemeinsam einmal mit einem einfachen Sackstich-Knoten verknoten und sehr fest anziehen. Die Enden ca. 15 mm lang abschneiden und als kleine Quaste hängen lassen.

Sackstich-Knoten

Armband-Länge

Je nachdem, ob die Verschlussperle gleich zu Beginn des geflochtenen Stücks oder eher mittig oder am Ende eingearbeitet wird, kann noch einmal die Länge des Armbandes variiert und angepasst werden.

Tipp

Wird das Armband mit mehreren eingearbeiteten Perlen oder Knöpfen versehen, kann es weiter oder enger verschlossen werden.

Tipp

Wer keine Verschlussperle einarbeiten möchte, kann alternativ die Fäden einfach teilen und die rechte und linke Hälfte jeweils ein Stück flechten. Die Enden jeweils mit einem Sackstichknoten verschließen und die Fäden abschneiden. Mit den beiden geflochtenen Schnüren kann das Band zum Verschließen durch die Verschlussschlaufe hindurch einfach zugebunden werden.

Verzierungen

Perlen, Charm-Anhänger, Quasten oder Pompons sind die perfekte Zierde für Freundschaftsbänder. So werden sie eingearbeitet:

Perlen

Um an den Rändern Perlen einzuarbeiten, auf jeden Faden einige Perlen auffädeln. Die Fadenenden mit einem Knoten versehen, sodass die Perlen nicht herausrutschen können. Bevor die äußeren Knoten in jeder

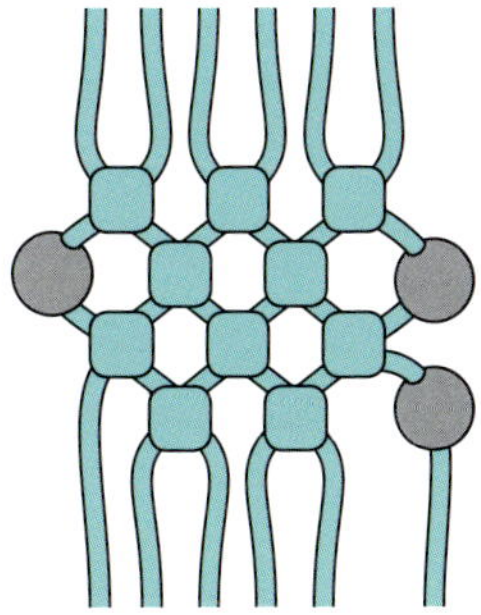

Reihe (bzw. in jeder zweiten Reihe, je nach Perlengröße) geknotet werden, eine Perle nach oben schieben und erst unter der Perle knoten.

Ringel zum Einhängen von Charms

Zum Einknoten eines Ringels an der gewünschten Stelle den äußeren Faden durch den Ringel schlaufen und direkt an den vorherigen Knoten schieben. Danach wie gewohnt weiter knoten.

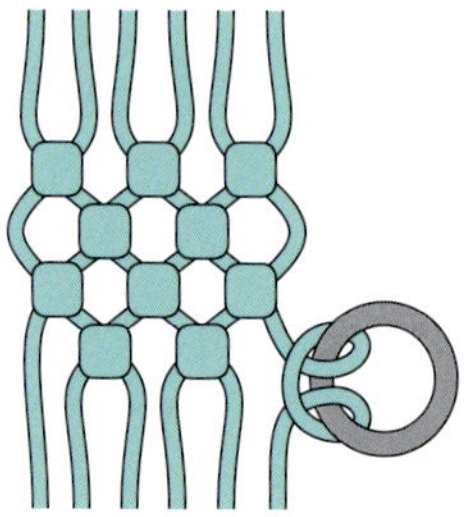

Pompons

Zwei möglichst kleine Unterlegscheiben aus Metall deckungsgleich aufeinanderlegen und einen Faden mithilfe einer Stopfnadel so oft es geht durch das Loch fädeln und gleichmäßig verteilt außen herumwickeln. Am Anfang und Ende einen etwas längeren Faden hängen lassen.

Mit einer spitzen Handarbeitsschere möglichst mittig entlang der Kante die Fäden aufschneiden. Die beiden Unterlegscheiben etwas auseinanderziehen, ohne dass die Wollfäden verrutschen, und einen Garnfaden (farblich passend zur Wolle) mehrfach fest zwischen die Scheiben wickeln und verknoten. Erst dann die Unterlegscheiben vorsichtig abziehen. Den Pompon mit der Nadel in Form zupfen und die beiden längeren Fäden sowie andere Unebenheiten abschneiden.

Die beiden Garnenden hängen lassen und dazu verwenden, die Pompons an eine Karabiner-Öse oder direkt an das Armband zu knoten.

Quasten

Einen Faden in der gewünschten Farbe vielfach um die Zinken einer Kuchengabel wickeln. An einem Ende dabei eventuell gleich einen Ringel mit einfädeln. Je öfter gewickelt, desto dicker wird die Quaste.

Im ersten Gabel-Zwischenraum den Faden mehrfach um die aufgewickelten Fäden herumwickeln (eventuell eine Stopfnadel verwenden) und fest verknoten.

Die Quaste von der Gabel abnehmen und die Fäden an der langen Schlaufenseite aufschneiden. Eventuell auf eine einheitliche Länge kürzen.

Weitere Modell-Ideen

Fußbändchen

Ein Fußbändchen wird genauso gearbeitet wie ein Armband, nur entsprechend etwas länger. Da die Angaben der Faden-Längen eher großzügig bemessen sind, müssen sie hierfür kaum verlängert werden.

Schnürsenkel

Für einen Schnürsenkel das Band entsprechend in der für den Schuh gewünschten Länge knoten. Dafür jedoch entsprechend längere Fäden als für die in diesem Buch vorgestellten Armbänder verwenden. Die Fäden am Anfang und Ende einfach hängen lassen. Über die Enden jeweils ein 15 mm langes Stück transparenten Schrumpfschlauch ziehen und erhitzen. Erst danach die überstehenden Fäden abschneiden.

Die so entstandenen Schnürsenkel sind am besten für Schuhe mit großen Ösenschlaufen und Haken, wie z.B. Wanderschuhe, geeignet.

Sandalen-Schmuck

Zum Aufpeppen schlichter Sandalen vorab ausmessen, in welcher Länge und Anzahl die Band-Stücke benötigt werden. Je nach Schuhmodell wird das variieren. Die entsprechenden Stücke nach der Anleitung des jeweiligen Musters knüpfen, jedoch ohne Verschluss. Die Fäden an den Enden jeweils im Band bzw. auf der Rückseite des Bandes vernähen. Die Enden der geknüpften Bandstücke an den Schuhen annähen, sodass sie sich über die vorhandenen (Leder-) Bänder spannen.

Für dauerhaften Halt kann die Unterseite zusätzlich flächig mit Textilkleber aufgeklebt werden.

Haarband

Ein ca. 40 cm langes Band ohne Verschluss im gewünschten Muster knoten. Dazu entsprechend längere Fäden verwenden. Am Anfang und am Ende alle Fäden möglichst unsichtbar im Band vernähen. Ein farblich passendes Gummiband – so breit wie das geknotete Band oder etwas schmaler – zwischen den Enden einnähen. Die Länge des Gummibandes individuell ausmessen und so wählen, dass das Haarband nicht rutscht, aber auch nicht zu stramm sitzt.

Be yourself

Dieses Armband sorgt dafür, dass du auch in schwierigen Situationen Ruhe bewahrst, die richtige Entscheidung triffst und dir dabei stets treu bliebst.

Du benötigst:

- Grundmaterial siehe Seite 8
- 1 Faden der Farbe 1, ca. 260 cm lang
- je 1 Faden der Farben 2 bis 5, jeweils ca. 130 cm lang
- 1 Verschlussperle nach Wahl, ø ca. 7 mm

Und so gehts:

1. Die Fäden der Farben 1, 3 und 5 am unteren Ende längengleich nebeneinanderlegen und am oberen Ende der kurzen Fäden, ca. 5 cm unterhalb der Fadenenden, auf einer Arbeitsunterlage feststecken.

2. Die drei Fäden ca. 3,5 cm lang miteinander verflechten. Dann die Klammer abnehmen und doppelt legen, sodass Anfang und Ende des geflochtenen Stücks aufeinanderliegen. Die Fäden der Farben 2 und 4 unterhalb der geflochtenen Schlaufe um die Fäden knoten und fest anziehen.

3. Die Schlaufe auf der Arbeitsunterlage fixieren. Die kurzen Fadenenden dabei mit nach oben stecken.

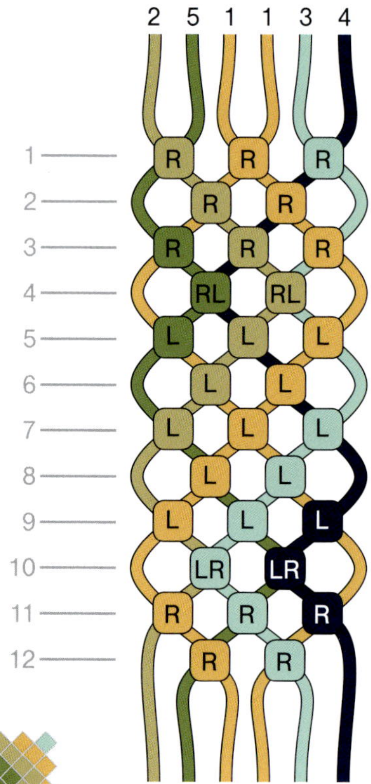

Farbe 1 = Gold/Lurex
Farbe 2 = 020
Farbe 3 = 149
Farbe 4 = 129
Farbe 5 = 206

4. Die langen Arbeits-Fäden in der im Arbeitsschema vorgegebenen Anfangs-Reihenfolge auslegen und das Band gemäß der Schemazeichnung in der gewünschten Länge knüpfen.

5. Zum Schluss die Fadenenden ca. 2 cm lang flechten. Dabei die Verschlussperle mit einarbeiten (siehe auch Grundkurs Seite 11). Die Fäden verknoten und in gewünschter Länge abschneiden.

Farbvarianten:

Farbe 1 = 209
Farbe 2 = 179
Farbe 3 = 164
Farbe 4 = 166
Farbe 5 = 160

Farbe 1 = 155
Farbe 2 = 064
Farbe 3 = 071
Farbe 4 = 078
Farbe 5 = Gold/Lurex

Chill out

Dieses in zarten Farben gehaltene Bändchen soll dich immer daran erinnern, wie wichtig Ruhe und Entspannung sind, um daraus stets neue Energie schöpfen zu können.

Du benötigst:

- Grundmaterial siehe Seite 8
- je 2 Fäden der 3 verschiedenen Farben, ca. 260 cm lang
- 1 Charm-Anhänger „Buddha", ca. 10 mm
- 1 Ringel
- 1 weiteres Charm nach Wahl

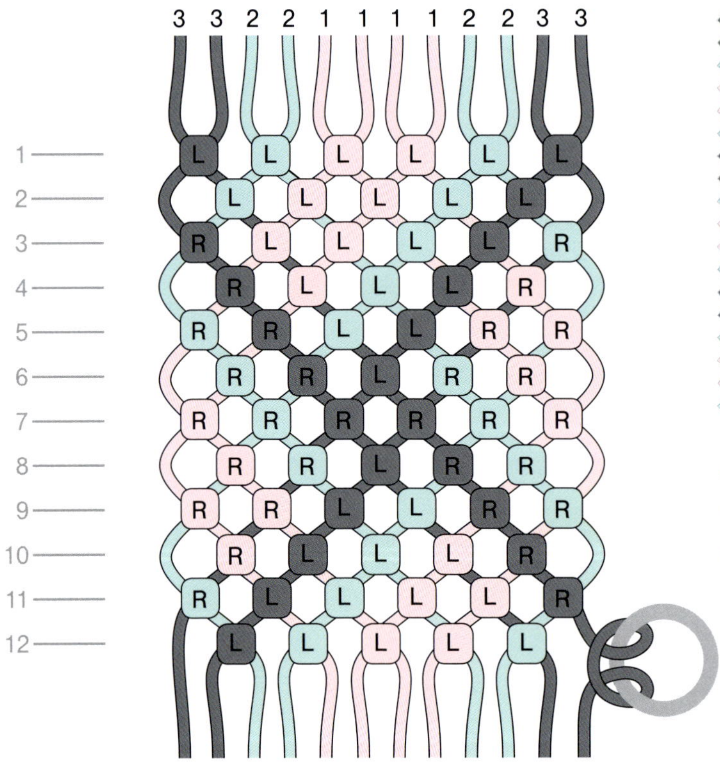

Farbe 1 = 064
Farbe 2 = 152
Farbe 3 = 294

Und so gehts:

1. Zunächst eine Verschlussschlaufe anfertigen (siehe Grundkurs Seite 8/9).

2. Die Verschlussschlaufe auf der Arbeitsunterlage feststecken und die Fäden in der in der Schemazeichnung angegebenen Anfangs-Reihenfolge nebeneinanderlegen.

3. Das Band gemäß der Schemazeichnung in der gewünschten Länge knoten, dabei nach Wahl am Ende eines Muster-Rapport am äußeren Rand einen Ringel einschlaufen (siehe auch Grundkurs Seite 12).

4. Hat das Band die gewünschte Länge, die Fäden ein kleines Stück verflechten und anschließend alle gemeinsam mit einem Sackstich-Knoten zusammenfassen. Dabei den Anhänger „Buddha" auffädeln und mit einknoten. Die Fadenenden mit ca. 15 mm Abstand zum Knoten abschneiden.

Farbvarianten:

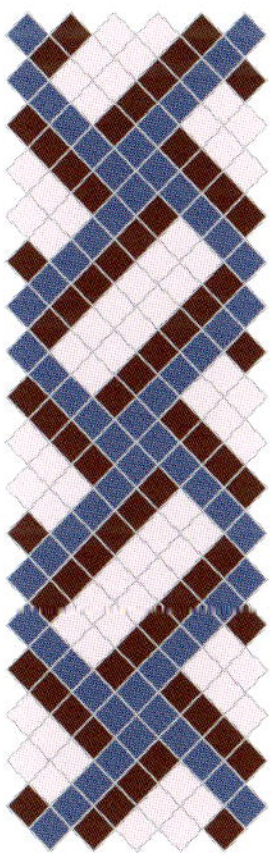

Farbe 1 = 098
Farbe 2 = 075
Farbe 3 = 115

Farbe 1 = 005
Farbe 2 = 209
Farbe 3 = 206

No doubt

Dieses Bändchen zeigt dir den Weg, wenn du gerade einmal nicht weiß, wie es weitergeht. Es soll dich stark machen und deine Zweifel beseitigen.

Du benötigst:

- Grundmaterial siehe Seite 8
- 3 Fäden der Farbe 1, ca. 260 cm lang
- 1 Faden der Farbe 2, ca. 260 cm lang
- 1 Verschlussperle nach Wahl, ø ca. 10 mm

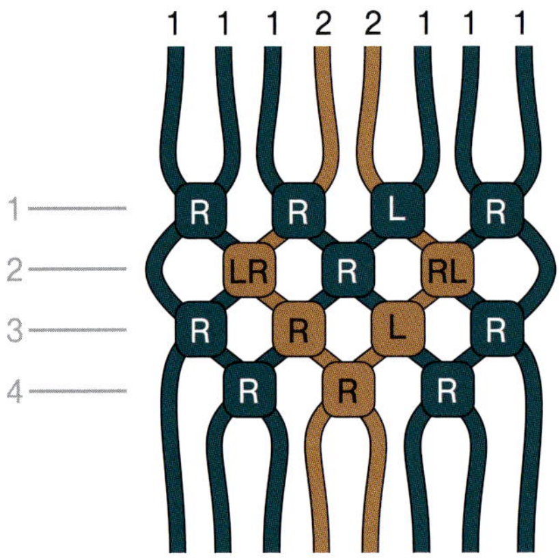

Farbe 1 = 156

Farbe 2 = 021

Und so gehts:

1. Zunächst eine Verschlussschlaufe anfertigen (siehe Grundkurs Seite 8/9).

2. Die Verschlussschlaufe auf der Arbeitsunterlage feststecken und die Fäden in der in der Schemazeichnung angegebenen Anfangs-Reihenfolge nebeneinanderlegen.

3. Das Band gemäß der Schemazeichnung in der gewünschten Länge knoten, ein weiteres Stück flechten und dabei eine Verschlussperle einknoten.

Farbvarianten:

Farbe 1 = 141
Farbe 2 = 152

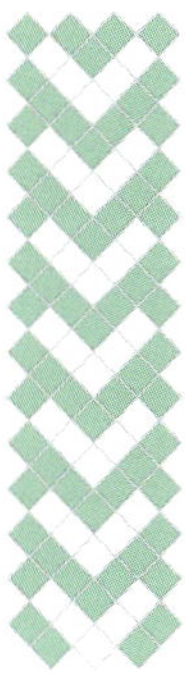

Farbe 1 = 160
Farbe 2 = 001

Tipp

Besonders gut kommen die Pfeile zur Geltung, wenn für das Band zwei stark kontrastierende Farben gewählt werden.

Care for you

Dieses Armband ist besonders breit! Es schützt dich und hilft dir dabei, dein Ziel stets sicher zu erreichen, denn es wehrt ab, was dir an Gefahren droht.

Du benötigst:

- Grundmaterial siehe Seite 8
- 5 Fäden der Farbe 1, ca. 260 cm lang
- 5 Fäden der Farbe 1, ca. 260 cm lang
- je 2 Fäden der Farben 2, 3 und 5, ca. 260 cm lang
- 1 Faden der Farbe 4, ca. 260 cm lang
- 1 Verschlussperle nach Wahl, ca. 10 mm

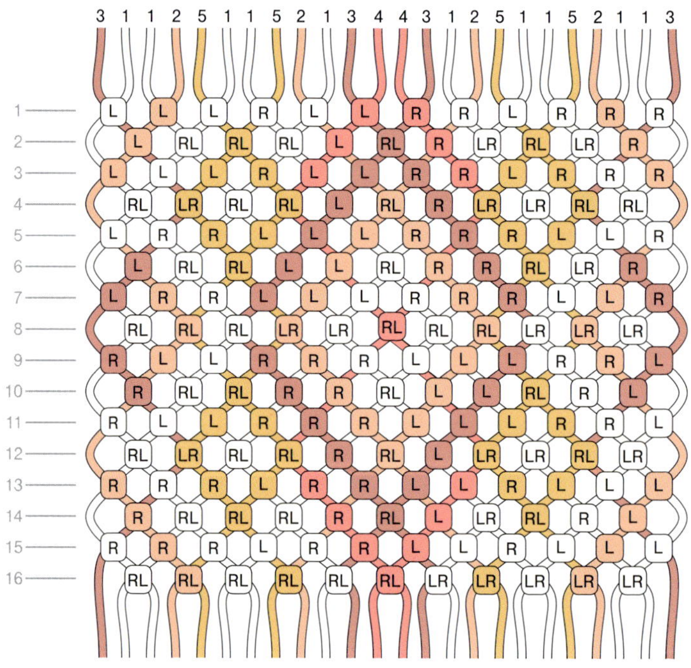

Farbe 1 = 002
Farbe 2 = 050
Farbe 3 = 036
Farbe 4 = 056
Farbe 5 = 267

Und so gehts:

1. Zunächst eine Verschlussschlaufe anfertigen (siehe Grundkurs Seite 8/9).

2. Die Verschlussschlaufe auf der Arbeitsunterlage feststecken und die Fäden nebeneinanderlegen.

3. Das Band gemäß der Schemazeichnung in der gewünschten Länge knoten und zum Abschluss eine Verschlussperle einknoten.

4. Hat das Band die gewünschte Länge, die Fäden ein kleines Stück verflechten und dabei die Verschlussperle oder, wie hier gezeigt, eine kleine Muschel mit Bohrung einarbeiten (siehe auch Grundkurs Seite 11). Anschließend alle Fäden gemeinsam mit einem Sackstich-Knoten zusammenfassen. Die Fadenenden mit ca. 15 mm Abstand zum Knoten abschneiden.

Farbvarianten:

Farbe 1 = 097
Farbe 2 = 079
Farbe 3 = 195
Farbe 4 = 206
Farbe 5 = 154

Farbe 1 = 096
Farbe 2 = 020
Farbe 3 = 039
Farbe 4 = 078
Farbe 5 = 206

Think positive

Dieses Bändchen gibt dir den Mut, auch einmal unbekannte Wege zu gehen und die Hoffnung, dass dein Leben dabei immer wieder Überraschungen bereithält.

Du benötigst:

- Grundmaterial siehe Seite 8
- 2 Fäden in Farbe 1, ca. 260 cm lang
- je 1 Faden in den Farben 3 und 4, ca. 260 cm lang
- je 1 Faden der Farben 2 und 3, ca. 130 cm lang
- 1 Verschlussperle nach Wahl, ø ca. 10 mm

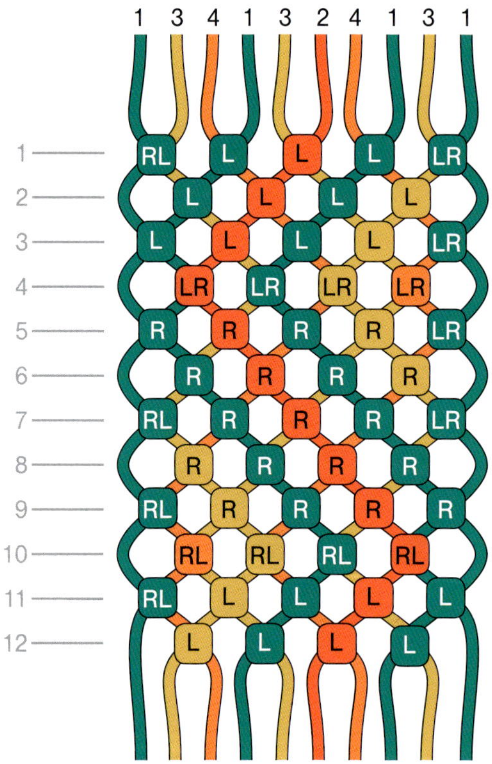

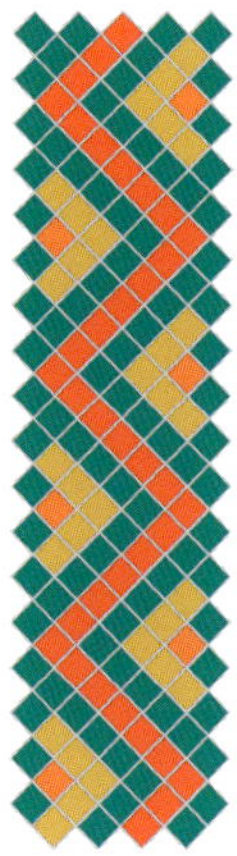

Farbe 1 = 155
Farbe 2 = 039
Farbe 3 = 020
Farbe 4 = Gold/Lurex

Und so gehts:

1. Zunächst eine Verschlussschlaufe anfertigen, dabei auf die ungerade Fadenverteilung achten (siehe Grundkurs Seite 8/9).

2. Die Verschlussschlaufe auf der Arbeitsunterlage feststecken und die Fäden in der in der Schemazeichnung angegebenen Anfangs-Reihenfolge nebeneinanderlegen.

3. Das Band gemäß der Schemazeichnung in der gewünschten Länge knoten und den Abschluss wie auf Seite 11 beschrieben anfertigen. Statt einer Verschlussperle kann auch ein schöner Ösen-Knopf verwendet werden.

Farbvarianten:

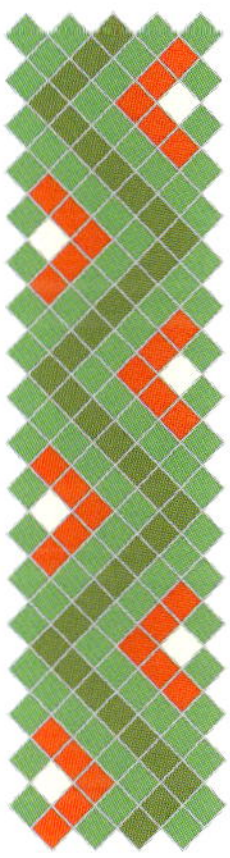

Farbe 1 = 179
Farbe 2 = 206
Farbe 3 = 031
Farbe 4 = 002

Farbe 1 = 113
Farbe 2 = 294
Farbe 3 = 140
Farbe 4 = 102

You and me

Dieses zweifarbige Armbändchen zeigt dir immer, dass es Menschen gibt, die zu dir stehen und dir Geborgenheit und Sicherheit schenken.

Du benötigst:

- Grundmaterial siehe Seite 8
- je 3 Fäden der Farben 1 und 2, ca. 260 cm lang
- 1 Verschlussperle nach Wahl, ø ca. 10 mm

Farbe 1 = 008

Farbe 2 = 113

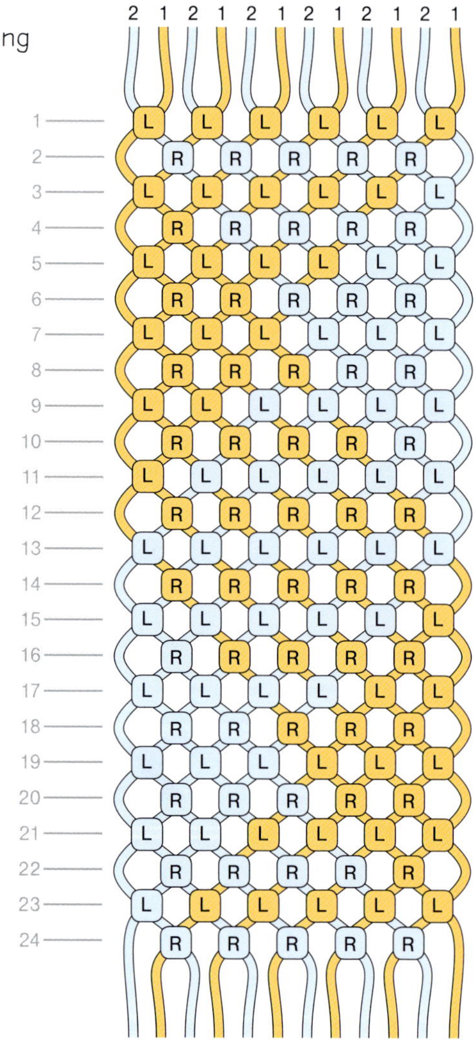

Tipp

Bei den ersten geknoteten Reihen darauf achten, die Schlaufen nicht zu verziehen.

Und so gehts:

1. Zunächst eine Verschlussschlaufe anfertigen (siehe Grundkurs Seite 8/9).

2. Die Verschlussschlaufe auf der Arbeitsunterlage feststecken und die Farben in der angegebenen Reihenfolge auslegen.

3. Das Band anschließend gemäß der Schemazeichnung in der gewünschten Länge knoten und zum Abschluss eine Verschlussperle in das geflochtene Bandende (siehe auch Seite 11) einarbeiten. Auch ein kleiner Ösen-Knopf kann, wie hier zu sehen, als schmückender Verschluss verwendet werden.

Farbvarianten:

Farbe 1 = 204
Farbe 2 = 200

Farbe 1 = 095
Farbe 2 = 090

Enjoy your life

Dieses farbenfrohe und extrabreite Bändchen soll dir dabei helfen, dein Leben in vollen Zügen und stets mit einem Lächeln zu genießen.

Du benötigst:

- Grundmaterial siehe Seite 8
- je 1 Faden der Farben 1, 2, 4 und 5, ca. 260 cm lang
- je 2 Fäden der Farben 3, 6 und 7, ca. 260 cm lang
- 1 Verschlussperle nach Wahl, ø ca. 15 mm

Farbe 1 = 020
Farbe 2 = 019
Farbe 3 = 206
Farbe 4 = 150
Farbe 5 = 113
Farbe 6 = 078
Farbe 7 = Gold/Lurex

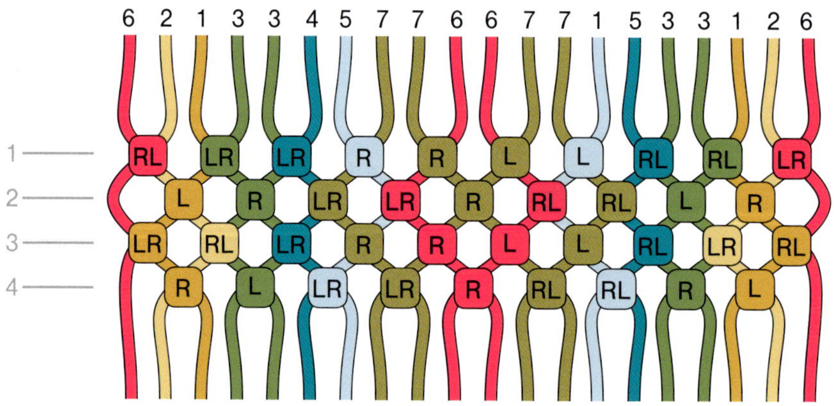

Und so gehts:

1. Zunächst eine Verschlussschlaufe anfertigen (siehe Grundkurs Seite 8/9).

2. Die Verschlussschlaufe auf der Arbeitsunterlage feststecken und die Fäden nebeneinanderlegen.

3. Das Band gemäß der Schemazeichnung in der gewünschten Länge knoten und zum Abschluss eine Verschlussperle einknoten.

4. Hat das Band die gewünschte Länge, die Fäden ein Stück verflechten und dabei die Verschlussperle einarbeiten oder eine Münze mit Loch auffädeln. Anschließend alle Fäden gemeinsam mit einem Sackstich-Knoten zusammenfassen. Die Fadenenden mit ca. 15 mm Abstand zum Knoten abschneiden.

Farbvarianten:

Farbe 1 = 129
Farbe 2 = 030
Farbe 3 = 156
Farbe 4 = 131
Farbe 5 = 153
Farbe 6 = 152
Farbe 7 = 127

Farbe 1 = 179
Farbe 2 = 198
Farbe 3 = 200
Farbe 4 = 152
Farbe 5 = 174
Farbe 6 = 202
Farbe 7 = 175

Forever together

Dieses Bändchen soll dir zeigen, dass es immer jemanden gibt, der für dich da ist und auf den du dich verlassen kannst.

Du benötigst:

- Grundmaterial siehe Seite 8
- 2 Fäden der Farbe 2, ca. 260 cm lang
- je 1 Faden der Farben 1, 3 und 4, ca. 260 cm lang
- 1 Verschlussperle nach Wahl ø ca. 10 mm
- 3 Ringel
- evtl. Schmuck-Charms

Farbe 1 = 155
Farbe 2 = 156
Farbe 3 = 020
Farbe 4 = 002

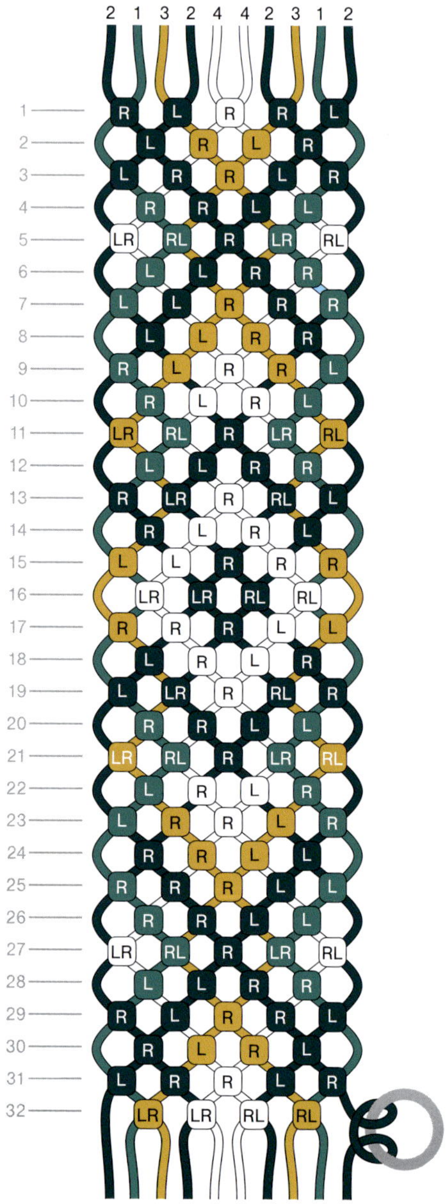

Und so gehts:

1. Zunächst eine Verschlussschlaufe anfertigen (siehe Grundkurs Seite 8/9).

2. Die Verschlussschlaufe auf der Arbeitsunterlage feststecken und die Fäden in der in der Schemazeichnung angegebenen Anfangs-Reihenfolge nebeneinanderlegen.

3. Das Band gemäß der Schemazeichnung knoten. Nach jedem Rapport einen Ringel einschlaufen (siehe auch Grundukrs Seite 12) und wie gewohnt weiterarbeiten.

4. Zum Abschluss eine Verschlussperle einarbeiten (siehe auch Grundkurs Seite 11)

5. In den Ringel ganz nach Belieben Schmuck-Charms mit kleinen Karabinern einhängen oder nach der Anleitung auf Seite 12 gefertigte kleine Quasten anhängen.

Farbvarianten:

Farbe 1 = 061
Farbe 2 = Gold/Lurex
Farbe 3 = 057
Farbe 4 = 070

Farbe 1 = 001
Farbe 2 = 018
Farbe 3 = 209
Farbe 4 = 200

Remember me

Dieses Armband soll dir helfen, die wichtigen Momente deines Lebens in Erinnerungen zu behalten und dir dabei stets ein Lächeln aufs Gesicht zaubern.

Du benötigst:

- Grundmaterial siehe Seite 8
- 1 Faden der Farbe 4, ca. 260 cm lang
- je 2 Fäden der Farben 2 und 3, ca. 260 cm lang
- 3 Fäden der Farbe 1, ca. 260 cm lang
- 1 Verschlussperle nach Wahl, ø je ca. 12 mm

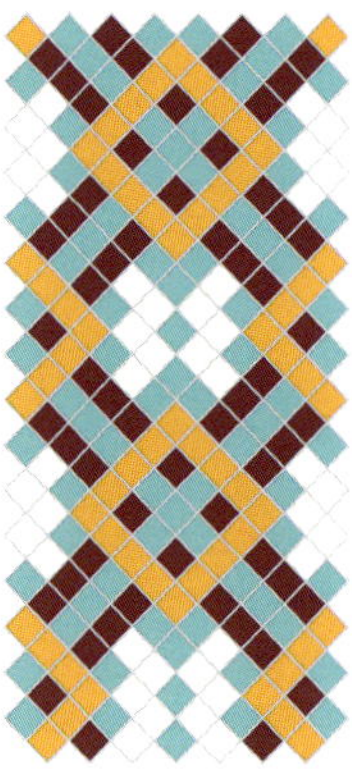

Farbe 1 = 149

Farbe 2 = 020

Farbe 3 = 075

Farbe 4 = 002

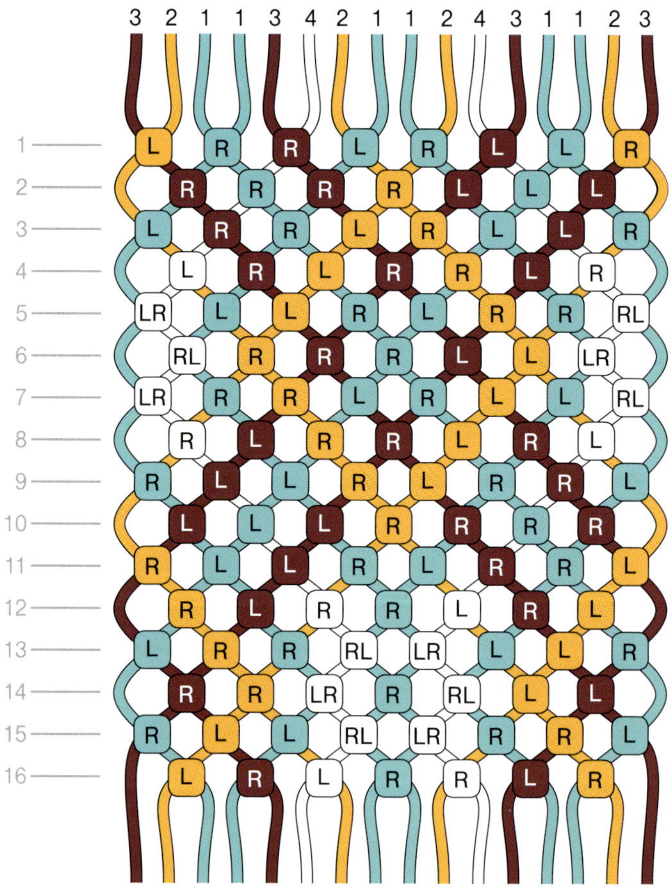

Und so gehts:

1. Zunächst eine Verschlussschlaufe anfertigen (siehe Grundkurs Seite 8/9). Diese auf der Arbeitsunterlage feststecken und die Fäden gemäß der in der Schemazeichnung angegebenen Anfangs-Reihenfolge nebeneinanderlegen.

2. Das Band gemäß der Schemazeichnung in der gewünschten Länge knoten und zum Abschluss eine Verschlussperle einknoten oder einen Zierknopf einarbeiten.

Farbvarianten:

Farbe 1 = 115
Farbe 2 = 012
Farbe 3 = 113
Farbe 4 = 116

Farbe 1 = 001
Farbe 2 = 156
Farbe 3 = 293
Farbe 4 = 004

Yin und Yang

Dieses Armbändchen gibt dir die Sicherheit, dass wir, obwohl wir beide völlig verschieden sind, doch perfekt zusammenpassen.

Du benötigst:

- Grundmaterial siehe Seite 8
- je 1 Faden der Farben 1, 2, 3 und 4, ca. 130 cm lang
- 1 Verschlussperle nach Wahl, ø ca. 10 mm

Tipp

Durch Farbvariationen kann dieses Band seine Wirkung komplett verändern. Je stärker die Farbkontraste der inneren Dreiecke, desto dominanter wird die Zacken-Wirkung.

Farbe 1 = 031
Farbe 2 = 002
Farbe 3 = 120
Farbe 4 = 149

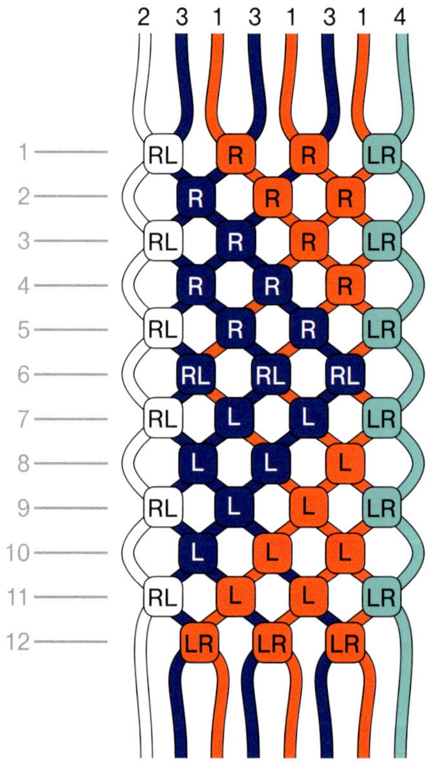

Und so gehts:

1. Zunächst eine Verschlussschlaufe anfertigen (siehe Grundkurs Seite 8/9).

2. Die Verschlussschlaufe auf der Arbeitsunterlage feststecken und die Fäden in der in der Schemazeichnung angegebenen Anfangs-Reihenfolge nebeneinanderlegen.

3. Das Band gemäß der Schemazeichnung in der gewünschten Länge knoten und zum Abschluss eine Verschlussperle einknoten.

4. Die beiden Fadenanfänge der Farben 2 und 4 im geknoteten Band möglichst unsichtbar vernähen.

Farbvarianten:

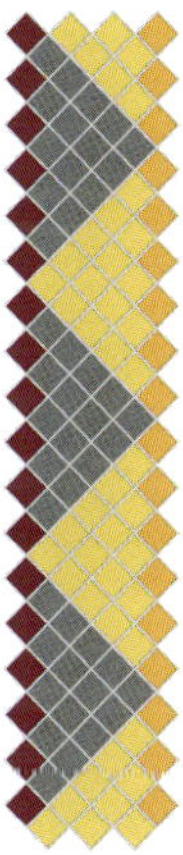

Farbe 1 = 019
Farbe 2 = 070
Farbe 3 = 293
Farbe 4 = 020

Farbe 1 = 179
Farbe 2 = 054
Farbe 3 = 056
Farbe 4 = 166

Be happy!

Dieses Armband hilft dir dabei, dein Glück zu erkennen und zu genießen und stets offen für die kleinen und großen Wunder des Lebens zu sein.

Du benötigst:

- Grundmaterial siehe Seite 8
- je 2 Fäden der Farben 3 und 4, ca. 260 cm lang
- je 1 Faden der Farben 1 und 2, ca. 260 cm lang
- 1 Verschlussperle nach Wahl, ø ca. 10 mm
- mehrere Ringel
- Charms nach Wahl

Farbe 1 = Bronze + Gold
Farbe 2 = 113
Farbe 3 = 156
Farbe 4 = 180

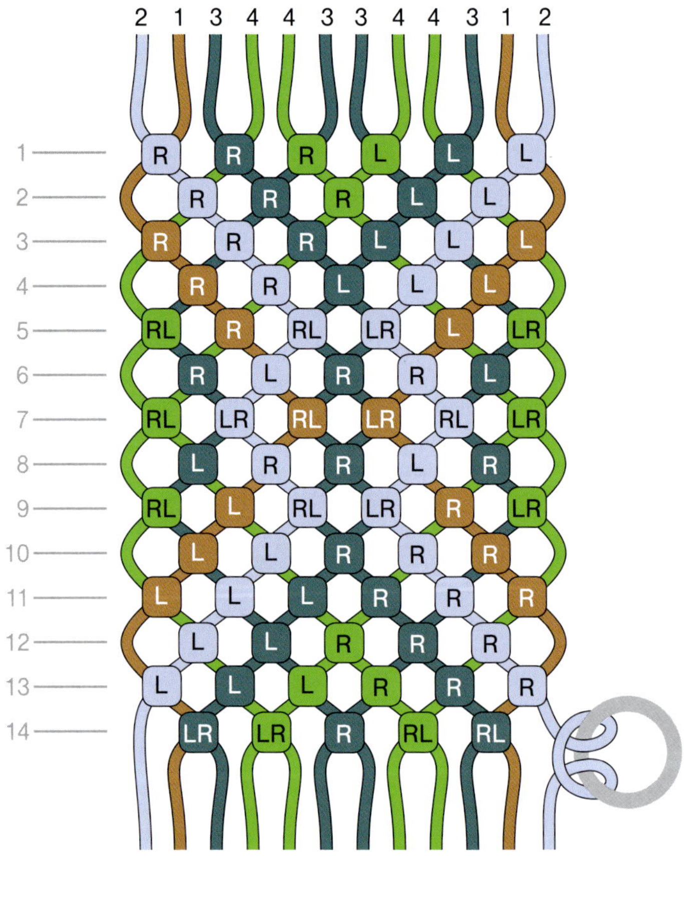

Und so gehts:

1. Zunächst eine Verschlussschlaufe anfertigen (siehe Grundkurs Seite 8/9).

2. Die Verschlussschlaufe auf der Arbeitsunterlage feststecken und die Fäden in der in der Schemazeichnung angegebenen Anfangs-Reihenfolge nebeneinanderlegen.

3. Das Band gemäß der Schemazeichnung in der gewünschten Länge knoten, dabei nach Wahl auf der Hälfte des Bandes am Rand einen oder mehrere Ringel einschlaufen (siehe auch Grundkurs Seite 12).

4. Hat das Band die gewünschte Länge, am Ende eine Verschlussperle einarbeiten und in die Ringel nach Wahl verschiedene Charms oder farblich passende Quasten einhängen.

Farbvarianten:

Farbe 1 = 144
Farbe 2 = 145
Farbe 3 = 146
Farbe 4 = 132

Farbe 1 = 001
Farbe 2 = 166
Farbe 3 = 163
Farbe 4 = 162

Keep calm

Dieses rosafarbene Bändchen soll dich stets daran erinnern, wie wichtig es ist, Körper und Geist zu entspannen und dabei die eigenen Kräfte zu regenerieren.

Du benötigst:

- Grundmaterial siehe Seite 8
- je 2 Fäden der Farben 1 und 2, ca. 260 cm lang
- je 1 Faden der Farben 1 und 2, ca. 130 cm lang
- 1 Verschlussperle nach Wahl, ca. 10 mm

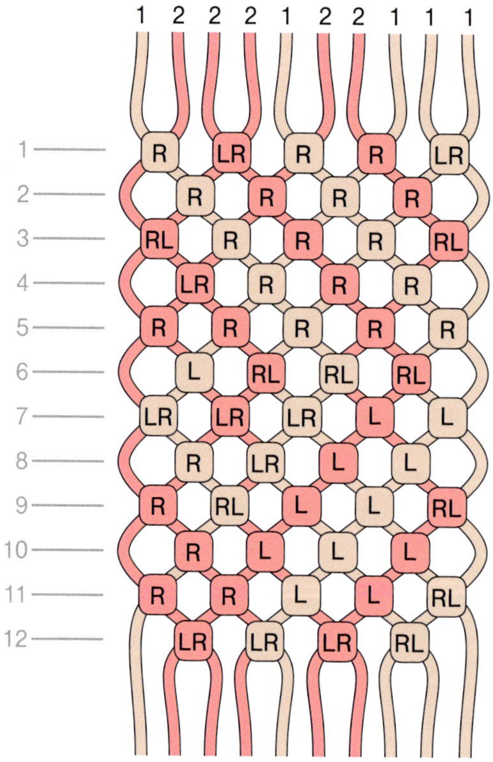

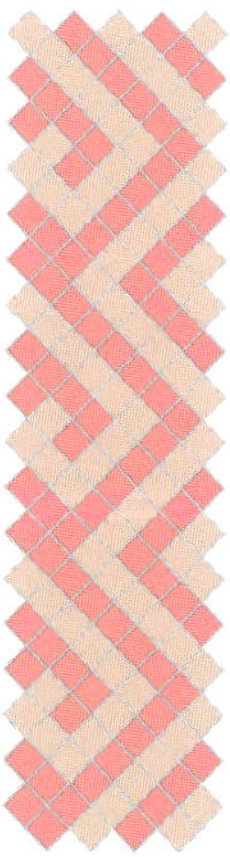

Farbe 1 = 044

Farbe 2 = 060

Und so gehts:

1. Zunächst eine Verschlussschlaufe anfertigen (siehe Grundkurs Seite 8/9).

2. Die Verschlussschlaufe auf der Arbeitsunterlage feststecken und die Fäden in der in der Schemazeichnung angegebenen Anfangs-Reihenfolge nebeneinanderlegen.

3. Das Band gemäß der Schemazeichnung in der gewünschten Länge knoten und zum Abschluss eine Verschlussperle oder einen Schmuckknopf einarbeiten.

4. Die kurzen, überschüssigen Anfangsfäden möglichst unsichtbar im Band vernähen.

Farbvarianten:

Farbe 1 = 129

Farbe 2 = 191

Farbe 1 = 057

Farbe 2 = 075

Tipp

Ein zusammen mit einem der Fäden verarbeitetes metallisches Beilaufgarn sorgt für einen zusätzlichen Wow-Effekt.

Be strong

Dieses Armband hilft dir, entschlossen und kühn Hindernisse zu bewältigen. Es gibt dir auf steinigen Wegen Kraft und Umsicht und stärkt deine Intuition.

Du benötigst:

- Grundmaterial siehe Seite 8
- je 1 Faden der Farben 2, 3, 5, 6 und 7, ca. 260 cm lang
- je 1 Faden der Farben 1 und 4, ca. 320 cm lang
- 1 Verschlussperle nach Wahl, ca. 10 mm

Farbe 1 = 149
Farbe 2 = 153
Farbe 3 = 156
Farbe 4 = 206
Farbe 5 = 179
Farbe 6 = 209
Farbe 7 = 005

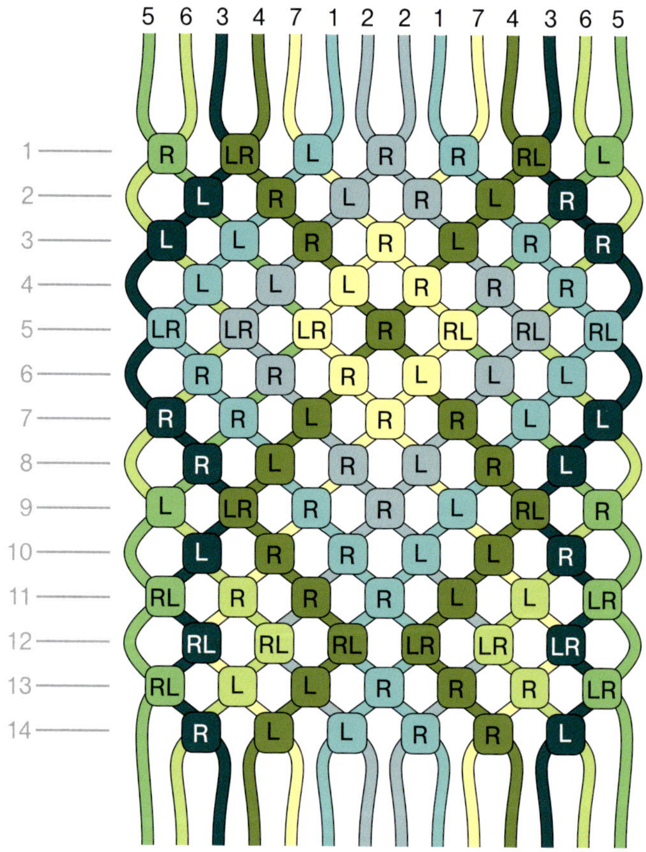

Und so gehts:

1. Zunächst eine Verschlussschlaufe anfertigen (siehe Grundkurs Seite 8/9).

2. Die Verschlussschlaufe auf der Arbeitsunterlage feststecken und die Fäden in der in der Schemazeichnung angegebenen Anfangs-Reihenfolge nebeneinanderlegen.

3. Gemäß der Schemazeichnung dann das Band in der gewünschten Länge knoten. Die Fadenenden zu mehreren dünnen Zöpfen verflechten. Jeweils mit einem Sackstich-Knoten abschließen und die Fadenenden verknoten. Als Verschluss einen Zierknopf oder eine Perle einknoten.

Farbvarianten:

Farbe 1 = 012
Farbe 2 = 014
Farbe 3 = 057
Farbe 4 = 039
Farbe 5 = 048
Farbe 6 = 056
Farbe 7 = 033

Farbe 1 = 001
Farbe 2 = 152
Farbe 3 = 154
Farbe 4 = 293
Farbe 5 = 129
Farbe 6 = 155
Farbe 7 = 211

Impressum

Entwürfe und technische Zeichnungen:
Mareike Grün

Lektorat: Uta Koßmagk

Redaktion: Jasmin Radel

Fotos und Styling: Florian Bilger Fotodesign

Gesamtgestaltung und Satz: GrafikwerkFreiburg

Repro: RTK & SRS mediagroup GmbH

Printed in Slovenia by Florjancic

★★★★★

Sind Sie mit diesem Titel zufrieden? Dann würden wir uns über Ihre Weiterempfehlung freuen. Erzählen Sie es im Freundeskreis, berichten Sie Ihrem Buchhändler oder bewerten Sie beim Onlinekauf. Und wenn Sie Kritik, Korrekturen, Aktualisierungen haben, freuen wir uns über Ihre Nachricht an Christian Verlag, Postfach 40 02 09, D-80702 München oder per E-Mail an lektorat@verlagshaus.de.

Unser komplettes Programm finden Sie unter

www.christophorus-verlag.de

In diesem Buch wird aus Gründen der besseren Lesbarkeit das generische Maskulinum verwendet. Weibliche und anderweitige Geschlechteridentitäten werden dabei ausdrücklich mitgemeint, soweit es für die Aussage erforderlich ist.

Der Verlag und die Autorin bedanken sich bei Rico Design GmbH & Co. KG für die großzügige Bereitstellung der Garne und Verschlussperlen.

Alle Materialien sind im Hobbyfachhandel erhältlich.

Die Deutsche Nationalbibliothek verzeichnet diese Publikation in der Deutschen Nationalbibliografie; detaillierte bibliografische Daten sind im Internet über http://dnb.d-nb.de abrufbar.

3. Auflage 2021

in der Christian Verlag GmbH
Infanteriestraße 11a
80797 München

ISBN 978-3-8388-3667-6

Kreativ-Service

Sie haben Fragen zu den Büchern und Materialien? Frau Erika Noll ist für Sie da und berät Sie rund um alle Kreativthemen. Rufen Sie an! Wir interessieren uns auch für Ihre eigenen Ideen und Anregungen. Sie erreichen Frau Noll per E-Mail: **mail@kreativ-service.info** oder Tel.: **+49 (0) 5052 / 91 18 58**

Besuchen Sie uns im Internet: www.christophorus-verlag.de